© 2019 albertus-books-verlag
Herstellung und Verlag: BoD- Books on Demand
In de Tarpen 42 / 22848 Norderstedt / Deutschland
eMail: albertus-books@gmx.de
ISBN: 9783749470242

Stephan Dettmeyer

DD*eh*R*lich*

Vorwendische Reimereien
1970-1988

3

Autor

...studierte Geophysik, Literatur und Philosophie /
freiberuflich seit 1984 als Kolumnist, Fotograf,
Kabarettist und Schriftsteller

Inhaltsverzeichnis:

24- (verwund)ehrlich
25- (unentb)ehrlich
26- (v)ehr(derb)lich
27- (bel)ehrlich
28- (spieß)ehrlich
29- Aphorismen
30- (gefa)ehrlich
31- (erkla)ehrlich
32- (fei)ehrlich
33- Aphorismus
34- ehr(sicht)lich
35- (v)ehr(mut)lich
36- (zuv)ehr(sicht)lich
37- ehr(kennt)lich
38- (z)ehr(brech)lich
39- ehr(bau)lich
40- Aphorismen
41- (legenda)ehrlich

Die Vignetten stammen vom Autor.

Erst kommt der Kahlschlag, dann die Schonung.

Gäbe es doch auch für Wahrheiten einen FKK-Strand.

Für das Selbstbewusstsein gibt es keine Prothesen. Zahn um Zahn wird man zahmer.

Wehe dem Mönch, der heiliger als sein Abt ist.

Weniger das Fliegen, die Landung ist das Problematische. Auch bei Freudensprüngen.

(*ungeheu*)ehrlich

Im Allgemeinen bin ich fast normal.
Natürlich nicht wie dieser oder der -
doch insgesamt, so ganz pauschal
gefalle ich mir ziemlich sehr.

Weshalb nur, gingst du fort von mir?
Ich kann das einfach nicht verstehn.
Beinahe hass ich dich dafür -
siehst du denn nicht, ich bin doch schön!

Du solltest mich im Spiegel sehn.

(*staatsbürg*)ehrlich

Schmidt, von links schräg gegenüber, wählt,
was zu seinen Rechten zählt.
Aufrecht entert er den Raum,
strahlend wie ein Weihnachtsbaum.
Eins zwei Zettel man ihm reicht,
er nun andachtsvoll erbleicht -
liest bedächtig jeden Namen,
murmelt innerlich ein "Amen",
steckt sie in die Urne rein:
Friede möge ewig sein!
Schlägt ein Kreuz vorm Ulbrichtbild -
Sozialistenpflicht erfüllt!
Wiedersehn zur nächsten Wahl !
Doch bis dahin...
                   könnt ihr mich mal.

(*schlag*)ehrlich

(nach "Ein kleines Lied" von Marie von Ebner-
Eschenbach)

Ein Schlagerlied, wie geht's nur an,
dass man es nicht erhören kann?
Was liegt darin? Erzähle!
Es liegt darin Tantiemenklang,
viel Studiotechnik, kaum Gesang
und für zwei Sexer Seele.

(*funktiona*)ehrlich

Ei, du schäumst!
Auf Sturm stehn alle deine wilden Locken.
Du bist verzweifelt, weil nicht klappt,
was klar ist in der Theorie -
mal mangle es an Schuhen, mal an Socken...
und Egoismus sei verkappt
als Wettbewerb... es werde niemals nie...

Reg dich ab!
Dein Blick ist eng, du siehst nur die Ekzeme.
Du muss die große Linie sehn
und nicht voran im Weg das Loch.
Wir kennen selber unsere Probleme,
die manchmal heute noch bestehn.
Betonung liegt auf "heute noch"!

Setz dich her!
Lass uns parteilich in die Zukunft schweifen,
in jene schöne Welt entschweben,
in der der Mensch sein Ziel erreicht.
Das Heute muss am Morgen reifen,
alle Wege sind am Ende eben,
und nichts an Größe unsrer Sache gleicht!

Sapperlot!
Was zweifelst du? Die Sache nehme Schaden?
Am schlechten Weg zerbricht das Rad...
Ein jeder Fehler wiege schwer...
Solln wir die Fehler öffentlich beraten?
Trotz dass der Klassenfeind sich naht?
Aus dir wird nie ein Funktionär,
geschweige denn,
bedaure sehr,
wie ich - ein echter Revolutionär!

ehr(*freu*)lich

Wenn du an meiner Seite liegst,
dein Köpfchen an mein Brustbein schmiegst,
kommt mir die Frage in den Sinn,
weshalb grad ich dein Kissen bin?

Was macht mich dir der Ehre wert?
Gut - sicher - ich bin nicht verkehrt,
doch wär ich du und hätt die Wahl...
ich fände bessre - hundertmal!

Dies denkend bin ich sehr verzagt,
ich spür wie Eifersucht mich plagt
und finde lange keine Ruh -
ob ich dich frage: Wie denkst du?

Dann fühl ich, wie du bei mir liegst,
dein Köpfchen an mein Brustbein schmiegst,

und ich erkenne plötzlich klar,
mein Zweifel auch der deine war.

Bin drauf sehr stolz, weil es so ist,
und freu mich, dass du bei mir bist.

(*bäu*)ehrlich

Im Dorfsaal fünfzig Bienen,
dazu einhundert Kerle.
Dem Wirt ging's ums Verdienen -
ich trank nur Apfelperle.

Die Kerls warn bald besoffen.
Der Sänger sang im Liegen.
Ich konnte langsam hoffen,
ein Bienchen abzukriegen.

Ich war schon auf dem Wege -
mich zog die kleine Kesse.
Der Wirt verdiente rege.
Ich krieg eins in die Fresse.

Und war umringt von Kerlen.
Sie sagten - eh, verschwinde!

Was nutzten mir die Perlen -
am Dorfteich rauscht die Linde.

(*jüngst*)ehrlich

Ich kannte sie schon eine Zeit,
doch nur auf weitere Distanz.
Der Zustand war mir schließlich leid -
ich suchte meine Chance.

Ich lud sie ein - nur auf ein Glas!
Zwei Flaschen Tokay tranken wir.
Das war ein ziemlich teurer Spaß,
doch sie ging mit zu mir.

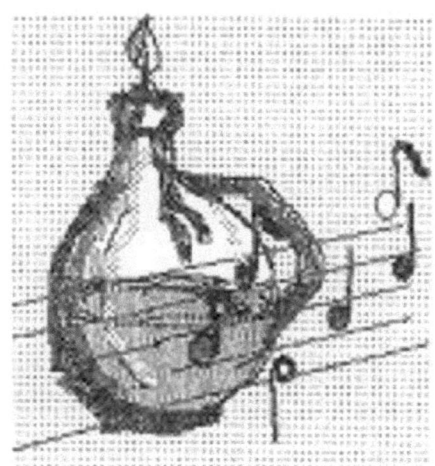

Ich griff zu Schema einsnullacht -
mit Tonband, Kerzen und Gefühl.
Es war wohl gegen Mitternacht,
als ihre Bluse fiel.

Doch weiter kam ich einfach nicht.
Sie schaute mich so komisch an
und sagte: Bitte, lösch das Licht -

du bist mein erster Mann.

Das schlug mich beinah aufs Parkett -
Mann, eine Jungfer ist bei mir!
Wir legten uns trotzdem ins Bett
und schliefen brav bis vier.

Ich war sehr zeitig aufgewacht
und hab sie lange anvisiert.
Da kam mir dunkel der Verdacht,
mit mir war was passiert.

(*mütt*)ehrlich

Als Ehefrau befind ich mich im siebten Jahr.
Die großen Leidenschaften sind verweht.
Was früher Salz in unsrer Ehe war....
wir haben Kinder und ein Farbfernsehgerät.

Doch wenn, sei's in den Konsum, ich alleine geh,
zieh ich mir meine dünnste Bluse an,
und Hosen so knalleng - es tut fast weh! -
da prickelt`s wieder, denn mich übersieht kein Mann.

Es starrn mir Bauarbeiter pfeifend hinterher-
oh, wie ich diese rüden Blicke spür!
Ein Bus blieb stehn im dichtesten Verkehr,
ich laufe kühl und Hüfte wiegend meine Kür.

Ein Auto kam ins Schleudern und an einen Baum.
Manch Opa seufzt erinn`rungsvoll ein "Ach!"

Den jungen Kerls schenk ich ganz sicher einen Traum.
Ein Schornsteinfeger fiel vor Staunen glatt vom Dach.

Das regt mich auf, wenn sich nach mir die Köpfe drehn
-
ich fühl mich - Weib, voll Sex und Sinnlichkeit!
Zuhaus lass ich mich freilich nicht so gehn-
ich zieh mich um und hüll mich in Zufriedenheit,

bin wieder Hausfrau, Köchin und Mama.
Was bleibt mir denn?
Es ist ja eh bloß Vati da.

(*televisona*)ehrlich

Meine Oma hat mir mal erzählt,
dass man niemals nicht die Tiere quält.

Uuuuund dann kommt der schöne Gangster um die
Ecke,
und zerschlägt dem Boss die halbe Schädeldecke,
wischt von der edlen Faust das Blut...-
ach, Frau Meier, dieser Krimi, der war gut!

Meine Oma hat mir mal erzählt,
dass man niemals nicht.....

Uuuuund dann geht der junge Playboy zu der Alten,
und er muss sie lange an der Kehle halten,
entdeckt danach das viele Geld...-
ach, Frau Müller, das war noch ein Mann von Welt!
Meine Oma hat mir mal erzählt,

dass man ....

Uuuund dann kommt der Jo dem Killer in die Quere,
und der noble Killer kämpft um seine Ehre,
er quetscht dem Jo die Augen raus...-
ach, Frau Schuster, sah der da nicht ulkig aus!

Meine Oma hat mir mal erzählt....

Uuuuund dann wird vom Balkan und Nahost berichtet,
Menschen massenhaft gefoltert und vernichtet.
Man schaut, weil grad kein Krimi ist...-
Ach, Frau Schulze, dauernd so`n polit`scher Mist!

Meine Oma konnte viel erzählen.

(*karrí*)ehrlich

Offen gesagt....
ich war einmal ein armes Schwein.
Ich wurde schon bei der Geburt beschissen,
der Herrgott ließ mich Kind von Eltern sein,
die nicht mehr hatten, als ein sauberes Gewissen.
Wie schön wär so ein Adelstitel....
oder eine Puddingfabrik...
oder ein Werk für Verhütungsmittel...
auch eine Klinik ist schick...
aber ach !

Sagen Sie selbst...
was bleibt so einem armen Schwein?
Ich wurde ein fleißig strebender Schüler,
ich kroch den Paukern vorn und hinten rein.
Und als Student war ich in Nachtschicht Tellerspüler.
Wie schön lief es bei Rockefeller....

oder bei Al Capone....
oder bei dem James Bond Darsteller....
auch Zuhälter wär nicht ohne...
aber ach !

Hören Sie auf...
der Tüchtige, der hätte Glück!
Ich hab rotiert, geschafft wie tausend Bienen,
war stets im Dienst von früh bis spät, von spät zurück,
ich hab geschuftet, derweil andere verdienen.
Wie schön hat es ein Bankvorsteher....
oder ein Chef im Baubüro...
oder ein cleverer Rechtsverdreher...
auch als Makler lebt man froh...
aber ach !

Lachen Sie nur....
lässt sich ein armes Schwein auf Liebe ein?

Ich wurde fatal von Blindheit geschlagen -
die großen Gefühle stellten mir ein Bein.
Die Mitgift waren Wäsche, Bettbezüge, Laken.
Wie schön wär eine Ölscheichlotte....
oder die Witwe mit eigenem Schloss....
oder Schwiegervater mit Tankerflotte....
auch ein Schlagerstar macht Moos...
aber ach !

Offen gesagt....
ich wollt nicht länger Schweinchen sein -
ich hab mich in der Politik verdungen.
Mein Rechtsbewusstsein schlug bei Wählern ein -
der Start nach ganz weit oben war perfekt gelungen.
Wie schön, den Massen vorzuspielen,
dass man aus tiefstem Herzen spricht.
Die Hände kriegen keine Schwielen,
das Gewissen zeigt man nicht.
Naja.

Sagen Sie selbst...
wer denkt noch: Ich - ein armes Schwein?
Ich hab das Sagen und ich stell die Weichen.
Ich mach mich mit den Linken nicht gemein.
Es zahlt sich aus, stärkt man das Seelenheil der Reichen.
Wie schön ist ein fetter Rüstungsetat...
wenn ich ihn nur schicklich verteile...
ich sitz schon in manch einem Aufsichtsrat...
und mach`s gern noch ne Weile -
doch doch.

(*wein*)ehrlich
1985

Mensch, Kumpel, ich kann es einfach nicht begreifen -
erstvorige Woche... Mensch, warn wir beide voll!
Und heute nun? Trauerkranz und schwarze Schleifen...
Du da unten.. Musik - hick - leise in Moll.
Noch höre ich deutlich deine Worte
vom ständigen Kampf in den vordersten Reihn...
du warst so ein Kerl von der edelsten Sorte -
ein Faust! Und das schon nach zwei Gläsern Wein.
Warum, Kumpel, musste es dich grad erwischen?
So viele Pläne nimmst du mit ins Grab.
Der Herzinfarkt kam deinem Aufstieg dazwischen.
Jetzt liegst du im Dreck, das Schicksal brach den Stab.
Was wolltest du alles noch tun!
Und nun?

Du wolltest den Trabi zum Taxpreis verkaufen,
du hättest auch mal bloß für Ost-Mark gepfuscht,
du wolltest ab bald nur quartalsweise saufen,
du hättest vorm Chef nicht mehr ständ-hick gekuscht.
Du wolltest demnächst deinen Standpunkt verkünden,
du hättest dir selbst mal die Zähne gezeigt,
du hättest aus puren Verantwortungsgründen
auch deinen Kollegen die Meinung gegeigt.
Du wolltest nie mehr Berichte unterschreiben,
wenn dort alle Fakten mit Phrasen verbrämt,
du wolltest ganz öffentlich selbstkritisch bleiben
und hättest dich heimlich für Prämien geschämt.
Was wolltest du alles noch tun!
Und nun?

Du wolltest dich mehr im Betrieb engagieren
für Ordnung und gegen das Klauen sogar.
Nur vorher die Datsche noch sch-hick renovieren...
und bloß noch das Holz für die Heimkellerbar.

Ja, dir lag kulturvolles Leben am Busen,
du liebtest Theater, du wollst auch mal gehn.
Und öfters ein Buch... und die anderen Musen...
nur schnell heut den Krimi im Dritten ansehn!
Du wolltest dich neu in deine Frau verlieben...
und mit der Familie ins Grüne hinaus!
Du hättst es nie mehr mit hick-Hilde getrieben,
bloß manchmal mit Gabi vom Nachbarhaus.
Was wolltest du alles noch tun!
Und nun?

Du wolltest dem Bruder im güldenen Westen
mal schreiben, wie gut es dir eigentlich geht.
Und wenn er mal da ist zu sonstwelchen Festen,
ihm zeigen, wie gut dir das Abzeichen steht.
Nun liegst du entseelt, bis die Würmer dich fressen,
Mensch Kumpel, und lässt dein Gewolle zurück.
Durch dich hab ich soviel an Wollen besessen -
in dir war nur Wolle... äh, Wille... äh, hick!

Verflucht sei das Schicksal, das dich mir entrissen!
Dein wollender Geist muss ewig-hick ruhn.
Da werd ich womöglich noch selbst wollen müssen
und schließlich letztendlich womög-hick was tun?!
Ich steh zwar ganz noch im Bann -
bloß ehrlich, ich bin kein Idiot!
Ich bleib hick-bescheiden, und du bleibst hick tot.
Ich trete die Erbschaft nicht an!
Prost!

(*somm*)ehrlich

Wenn in der Stadt die Sonne scheint,
herrscht auf den Straßen Hochbetrieb.
Auf Plätzen wimmelt`s, dass man meint -
kein Kind, das heut zuhause blieb.
Die Frauen zeigen Formen und viel Haut,
die Männer bieten Brust in offnen Hemden.
Es flirrt der Staub, die Straßenbahn quietscht laut,
Fassaden spiegeln mich und alle Fremden.
Da setz ich mir die Sonnenbrille auf,
kauf mir ein Eis und nehm die Hitzeflut in Kauf.

Doch wenn es regnet in der Stadt
und nur, wer muss, sein Haus verlässt
und es dann äußerst eilig hat -
dann mach ich mir ein kleines Fest.
Ich laufe planlos einfach kreuz und quer
im Schutze meiner imprägnierten Sachen

und tu ganz so, als ob kein Regen wär -
da scheint die Stadt für mich Striptease zu machen.
Und ich greif zu und seh mich gierig satt
an den geheimnisvollsten Winkeln der nackten, nassen
Stadt.

(*beg*)ehrlich

Mal war es Max, mal Ede, mal war`s Walter,
der meinen Schreibtisch sehnsuchtsvoll umstrich.
Ich trage, was ich habe, ohne Halter,
mein Fahrgestell ist königinnenlich.

Ich gönne jedem eine kleine Freude -
ein kurzer Blick - verstohln ins Dekolletè...
Was macht's? Jedoch der Kurt, der fragt mich heut -
ganz cool - wie ich denn so zum Sexuellen steh.

Ich denk, ich träum - der Kurt war immer schüchtern,
der hat nie wie die andern mich umschwirrt.
Nun derart forsch...und er war völlig nüchtern!
Ich war gleich aufgeregt - das wird ein Flirt!

Was blieb mir, als ihm unverblümt zu sagen,
dass ich als Sächsin Sex naturgemäß sehr mag.

Da kratzt der lächelnd sich den Hals am Kragen,
wird puterrot, dann blass auf einen Schlag,

und guckt wie Max, wie Ede und die andern,
so heimlich lüstern und ein bisschen grämlich,
und dreht sich um, und geht schnell wieder wandern -
wie Max, wie Ede und die andern.
Mein Gott, was sind die Männer dämlich!

(*beschw*)ehrlich

Der Frühling (schlechthin sagt man Lenz)
mit Lüften zart und rasend mild
weckt Liebe jeder Herzfrequenz,
die wonnegrün wie Knospen quillt

hell in des Himmels blauen Schmalz.
Tieflyrisch dehnt sich jede Brust
und überall verzückte Balz -
selbst Wiesen werden krogekusst.

Mich macht das alles ziemlich toll -
in Dur tönt jeglicher Gesang.
Ich sehne mich nach etwas Moll -
mein Liebster ist eins neunzig lang.

Ja, liegend küssen wir bequem,
jedoch die Erde ist noch kalt.

Ein Kuss im Stehn ist ein Problem -
ach, lieber Sommer, komm doch bald!

(*säu*)ehrlich

Es ist ja doch ein Schweineleben! -
so sprach zu sich die schlaue Sau.
Je mehr du frisst in gutem Streben,
je früher stiehlt man dir die Schau.

Sie träumte alb sich schon als Hackepeter,
Bulette, Sülze, oder Eisbein in Aspik.
Die rosa Haut als schnödes Kofferleder...
dies sei des Schweinedaseins Sieg?

Die Frage hieß - wie soll sie retten
sich vor dem frühen Schweinetod ?
Und sie beschloss, sich gründlich zu entfetten,
und fraß nur noch in höchster Not.

Die Sau, sie wurde schlank und muntrer,
und flinker wurden Kopf und Bein und Knie.

Sie fand bald tausendfach Bewundrer,
die Wissenschaft bestaunte sie.

So schlank - das widerspricht den Daten!
Die Wissenschaft nimmt das genau.
Die Wendung ist nun leicht zu raten -
ein Doktor vet. skalpiert die Sau.

So kam die schlanke Sau noch schneller
als ihrer Artgenossen fette Schar
als Schnitzel und Schaschlik auf die Teller.
Zu Pinseln ward ihr Borstenhaar.

Moral: Bist du ein Schwein, lass dich nur mästen
und bleibe schweinisch, sei so schlau!
Im Anonymen schweint es sich am besten.
Wer sich entschweint, den macht man gleich

zur Sau.

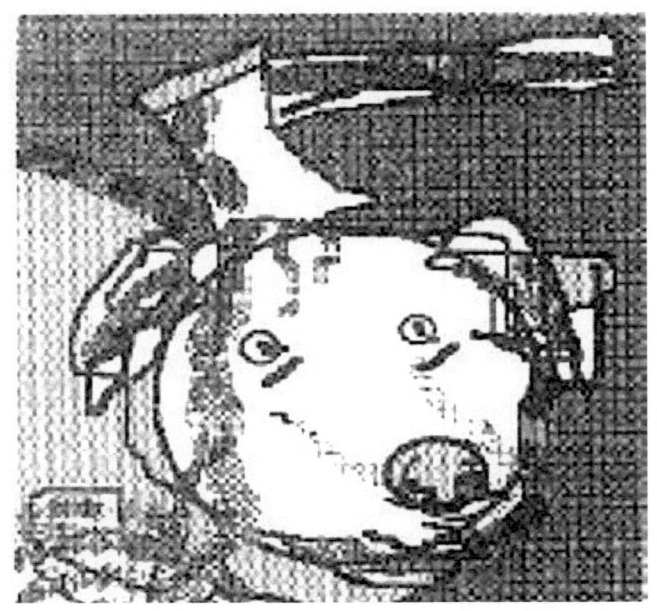

40

(*partn*)ehrlich

a) klassisch: Geliebte, schmäht nicht meine Liebe!
   Es wäre mir der sichre Tod.
   Oh, Göttin, spüret meine Triebe,
   vertreibet meiner Seele Not.

b) modern. Ich hätte mal ne blöde Frage,
   ich wäre solo diese Nacht -
   wie ist die sexuelle Lage?
   Auch günstig ? Also abgemacht.

c) futuristisch: ua...ua....
   öhh...öhhh....stöhn...

(*bedau*)ehrlich

Ich lauf auf hochmodern getrimmt
links neben dir. Rechts läuft dein Hündchen.
Mein Lächeln ist stets abgestimmt
auf deine Launen und dein Mündchen.

Bei jeder Party, jedem Fest
bin ich das kleine Flackerlündchen,
das dich noch heller strahlen lässt.
Mein Lohn - ein Kuss von zwei Sekündchen.

Ich liebe dich, du liebst dich sehr,
ich tanze ständig neue Ründchen
nach deiner Pfeife kreuz und quer -
du hast ein nimmersattes Schlündchen.

Ich bin für dich ein neuer Hut.
Du trägst mich ab und zu ein Stündchen.

Und ist es dir danach zumut,
riskierst du mal mit mir ein Sündchen.

In Schwindsucht siecht mein Portemonnaie,
ich nehme ab manch fettes Pfündchen.
Heut sagst du, unser Renommee
erfordere ein Ehebündchen.

Da spiel ich lieber nicht mehr mit.
Ich hab ein ziemlich kühles Gründchen -
ich war doch nur ein Requisit
am Marktplatz deiner Eitelkeit.
Auch wird mir schon der Scheitel breit -
mach`s gut, mein schönes kaltes Kindchen.

Liebe geht übers Laken.

Die Axt im Haus erspart den Scheidungsrichter.

Adam hatte es gut. Er hatte keine Schwiegermutter.

Warum in die ferne schweifen? Sieh, die Glotze steht so nah!

Gruppensex ist unmoralisch. Ich würde nur unter Vorbehalt mitmachen.

(*un*)ehr(*bitt*)lich

Den Morgen dir zum Ebenbilde,
den lass mich widmen dir, Mathilde.

Er kam zu mir mit leisen Schritten,
mit Gesten, die um Nachsicht bitten,

so zart, so bleich und doch energisch,
errötend, flink und unallergisch,

benutzte keinen meiner Stühle,
stieg in mein Bett mit seiner Kühle

und zwang mich dadurch aufzustehn.
Vom letzteren mal abgesehn -

der Morgen kam wie du, Mathilde,
in ihm sah ich dein Ebenbilde.

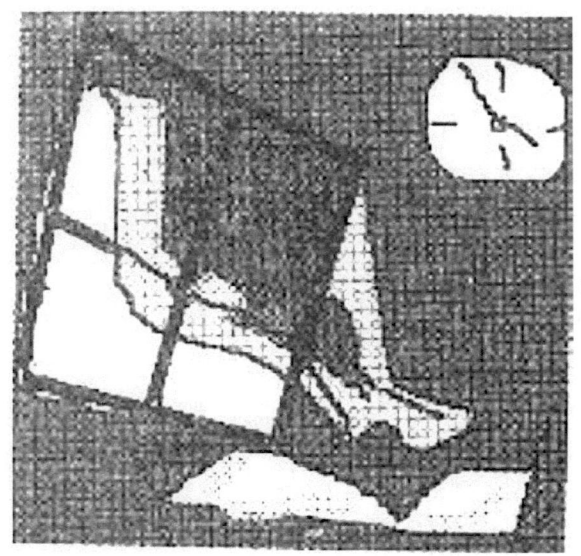

(*elt*)ehrlich

Am Kinderbett steht die Mama.
Der Zeuger war zu Ostern da.
Das Kindlein plärrt und kackt sich ein.
Die Mama schimpft: Du kleines Schwein,
wie oft hab ich dir schon gesagt,
dass man nach einem Töpfchen fragt?!
Das Kindlein munter weiterplärrt,
die Mama an den Windeln zerrt.
Das Kindlein strampelt, Mama flucht
und fühlt vom Pech sich heimgesucht.
Dies ist jedoch von ihr nicht recht -
dem Zeuger geht's noch mal so schlecht,
denn sein ihm angetrautes Weib
bohrt ihm zu ihrem Zeitvertreib
in alten Wunden, kratzt am Grind,
der Narben, die noch offen sind.
Und ständig ist der Rede Sinn:

Du rauchst und säufst den teuren Gin,
beruflich und im Bette schlapp,
zahlst Alimente nicht zu knapp,
zu andern Frauen stets galant,
fährst immer noch nur mit Trabant...

Dem Zeuger ist es eine Qual,
er hörte das schon hundertmal.
Weshalb er in die Kneipe flieht,
sein Weib sich vor die Glotze kniet.
Nach Haus zurück, sehr spät, stinkvoll,
fühlt sich der Zeuger liebestoll.
Sein Weib empfängt ihn nicht sehr nett
und stößt ihm aus dem Ehebett.
So hart ergeht`s dem Zeuger oft,
fast härter als die Mama hofft.
Sie wünscht dem Zeuger Missgeschick,
als Rache für ihr Mutterglück.
Sich selbst wünscht sie viel Geld mit Mann,

zieht drum die besten Sachen an.
Sie lässt ihr Kind allein zuhaus
und wackelt in ihr Glück hinaus.
Das Kind in süße Träume fällt,
ein Zufall nur - doch es ist auf der Welt.

ehr(*götz*)lich

Sinnend liegend auf der Wiese
mit der Sonne auf dem Rücken
dacht ich zärtlich an Luise,
sah zugleich - oh, welch Entzücken! -
eine kleine Weinbergschnecke,
eine süße winzig kecke
mutig ihre Fühler recken
zwischen Gras und andre Stecken
dann - mein Herz begann zu hüpfen -
gänzlich aus der Schale schlüpfen.

Sinnend liegend auf der Wiese
schlugen meine Träume Schaum -
diese Schnecke wär Luise....
lassen wir den Traum.

(*un*)ehr(*schwing*)lich

Doch, meine Eltern warn voll Güte.
Die Fahrerlaubnis hatten beide.
Sie standen in des Lebens Blüte
und warn sich treu wie Kuh und Weide.

Sie waren nie mit sich zufrieden -
den vollsten Gläsern galt ihr Denken.
Kein einz`ger Schluck, das war entschieden,
ist für umsonst und zum Verschenken.

Ihr Schaffen hatte etwas Reines,
durchglühte froh ihr ganzes Wesen.
Ein Kind war eingeplant. Nur eines!
Zur Arterhaltung gibt`s Chinesen.

Man sieht, die Chance war voll gegeben
für mich, ein Wünschelkind zu werden -

ein Pillenspiel ist dieses Leben! -
auch Champions stürzen von den Pferden.

Ich war ein Jahr zu früh gestartet.
Ein Eigenheim braucht Dach und Wände,
der Fiat (polski) wurde grad erwartet...
Mein Lebenslauf war schnell am Ende.

Ich will mich keinesfalls beklagen -
zum Leben braucht es eben Glück!
Als Embryo von sechzig Tagen
trat ich von dieser Welt zurück;
und bin nun wieder Lehm und Schleim.
Es lebe Fiat und das Eigenheim!
Ahoi.

(*verwund*)ehrlich

Gestern, lang geplant, ging`s auf die Reise -
weg von dir, in eine ferne Stadt.
Ich war erleichtert, als die Räder endlich rollten -
wir hatten uns mal wieder gründlich satt.

Dann auf der Fahrt, so kurz nach Wittenberge,
kam mir doch unser Abschied in den Sinn -
ein `Tschüß` - du hast auf meinen Hals geschaut,
na, allerhöchstens war`s mein Kinn.

Jetzt schab ich im Hotel mein Kinn
und seh im Spiegel... dein Gesicht.
Wir hatten uns doch gründlich satt -
jetzt merk ich, wie allein ich bin.

(*unentb*)ehrlich

Was macht die Dame, was den Herrn komplett?
Ein Dekolletè, ein Hut, ein Schal?
Der Schlips ? Ein heimliches Korsett ?
Ein Blick von Silber oder Stahl ?
Es macht,
ich wette,
erstmal ne Zigrette.

Was hilft dir, fehlt dir in der Diskussion
ein Argument, ein Geistesblitz ?
Kein lieber Gott, noch dessen Sohn,
kein Spruch von Marx, kein scharfer Witz -
dir hilft,
ich wette,
erstmal ne Zigrette.

Was stärkt dich, wenn dein Atem kürzer geht,

doch deine Freundin frank und frei
nach mehr der Liebeszeichen fleht?
Nicht Sellerie, nicht Rührei -
es hilft,
ich wette,
erstmal ne Zigrette.

Was heilt dein leid- und gramgebeugtes Herz,
sagt dir dein Schatz: "Hau ab, leb wohl!"
Du wendest dich nach anderwärts?
Zur eignen Frau? Zum Alkohol ?
Es heilt,
ich wette,
erstmal ne Zigrette.

Was schützt vor Rente und vor Zipperlein,
Verkalkung, Rheuma, Atemnot ?
Was vor der Altersschwächen Pein ?
Kein Obst, kein Sport, kein Vollkornbrot -

es schützt,
ich wette,
erstmal ne Zigrette.

Drum Raucher raucht mit Schwung,
die Toten bleiben jung.

(*v*)ehr(*derb*)lich

Zwölf Jahre ging ich in die Schule,
mein Abi-Durchschnitt glatt einsvier!
Vom Studium das Diplom-Papier
bestätigt euch: Ich hab was auf der Spule!

Beim Studium war ich stets der Erste,
drum habe ich auch promoviert.
Der Doktortitel, der mich ziert,
zeigt jedermann, dass ich vor Wissen berste.

Ich weiß Gesetze, Formeln, Thesen -
Zitate stets abrufbereit!
Selbst mit Profit weiß ich Bescheid -
ich habe Marx auf Russisch gelesen.

Mein Wort das gilt bei Spezialisten,
ich habe schon veröffentlicht.

Ich bin nicht Klasse, bin nur Schicht,
doch steh ich fest zu allen Sozialisten.

Ob ich auch Überzeugung hätte?
Ach Gottchen, fragt nicht so naiv!
Ich bin zufrieden, wie es mit mir lief.
Ich war ein guter Schüler - jede Wette!

Ich zweifelte nie laut.
Den Trick hab ich euch abgeschaut.

(*bel*)ehrlich

(aus der Baumschulenfibel)

1.Lektion: Ein Baum allein auf weiter Flur
             kommt öfters vor in der Natur.
             Nur leben solche Einzelgänger
             höchst einen Sturm lang, selten länger.
             Den Fakt erkennt der Nutzholzgeist,
             drauf er das Kollektivglück preist.

2.Lektion: Ein Kollektiv schützt vor Gefahren,
             wenn man sich stets darob im Klaren:
             Ganz vorn zu stehn, bringt wenig Glück -
             dort peitscht der Regen ins Genick.
             Wenn alle sich in Einklang wiegen,
             die Äste nach dem Winde biegen,
             beweist man auch Gelenkigkeit -
             Gymnastik geht vor Neigungsstreit!

3.Lektion: Im weiteren, ihr lieben Bäume,
vergesst schnell eure Jugendträume
und strebet niemals vertikal -
die größten trifft des Blitzes Strahl!
Wer Ruh und Sicherheit will tauschen
feil gegen Licht und Windesrauschen,
bezahlt dies mit so manchem Ast,
bis dass er stirbt als ein Phantast.

Moral: Man pfeift auf Ruhm und Sonnenehre
und handelt nach der Kleinholzlehre:
Hält man sich hübsch im Mittelgrund,
so lebt man lang und bleibt gesund.

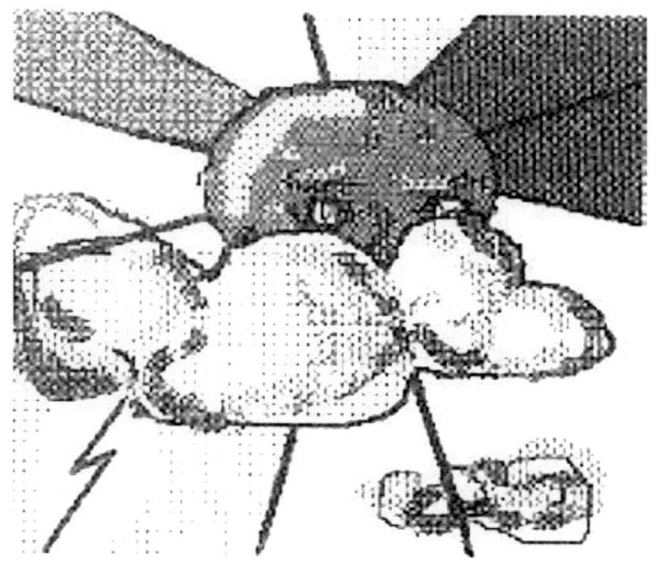

(*spieß*)ehrlich

Es stimmt, ich gebe mir die Blöße,
ich trimme mich nicht auf Askese.
Ich habe Teppich auf dem Klo,
Gemüse esse ich nicht roh,
ich schnarch in einem weichen Bett,
mein Sessel ist kein Bügelbrett.
An meinen Fenstern sind Gardinen,
zu "Faust / Teil eins" bin ich im Anzug und mit Schlips
erschienen.

Ich such im Pelz nicht nur die Laus.
Ein Kompromiss ist mir kein Graus.
Für mich ist Zweifeln kein Prinzip.
Ich gebe zu, ich hab mich lieb.
Ein Polizist macht mich nicht scheu.
Ich nehme Neues gern als neu.
Ich werd am Weltschmerz nicht verbluten.

Ich gieß mir einen Whisky ein und trinke auf die
Guten.

Ich spar auf einen großen Wagen.
Die Liebe geht mir durch den Magen.
Ich lebe ziemlich monogam,
vorm Fremdgehn habe ich noch Scham.
Ich bin kein Fan von FKK
und stehe keiner Kirche nah.
Ich mag die Kunst und alle Musen,
doch wenn mich wer verscheißern will, kann ich das
nicht verknusen.

Ich will im Leben etwas leisten,
und mir höchstselbst am allermeisten.
Ich bin nur selten provokant
und auch als linientreu bekannt.
Ich denke mit, wenn einer denkt,
halt Klügere nicht für beschränkt.

Ich hab die Wahrheit nicht gepachtet,
nun sagt mir bloß, verdammt noch mal, weshalb ihr
mich verachtet?!

Ihr nennt mich einen Etablierten,
so einen ringsum Eingeschmierten.
Ich hab im Leben nicht versagt,
habt ihr mich deshalb abgehakt?
Glaubt ihr, dass es das gar nicht gibt,
dass einer dieses Dasein liebt?
Euch wird von Tag zu Tag nur mieser.
Ich glaub, ihr seid bedauernswert und letztendlich die
wahren Spießer.

Schüre das Feuer, solange es unter den Ärschen der anderen brennt.

Die die Trommeln am eifrigsten rühren, haben meistens von Tuten und Blasen keine Ahnung.

(*gefa*)ehrlich

Aus Wellen und Schaum die Frisur,
aus Knospen und Nylon die Haut,
aus Marmor und Chrom die Statur,
ein Blick, bei dem die Arktis taut.

Nachts träume ich vom Paradies.
Die Schlange zischelt mir ins Ohr.
Am Morgen fühle ich mich mies
und komm mir wie vertrieben vor.

Tags sticht es unterm Schlüsselbein,
wenn sie sich fern nur blicken lässt.
Ich beiß in keinen Apfel rein,
ich schließ alle Augen fest

und denk an meine Frau daheim,
an Töchterchen und Sohn.

Ich geh mir beinah auf dem Leim,
jedoch, verdammt, da schiel ich schon -

zwar heimlich und sehr schattig nur -
doch wieder hin ... zur Eva meiner Kur.

(*erkla*)ehrlich

Es kam ein Mann.
der Himmel weiß wann,
weither aus Bananien
hin nach Kastanien
und sprach:
"Schön guten Tach -
es lebe mein Bananien!"

Da rief das Volk von Kastanien:
"Gute Nacht !"
und hat - bedacht
auf Vormacht von Kastanien -
dem Mann aus Bananien
gestopft sein bananisches Maul
mit Rosskastanien nicht faul.
Dann hat das Volk geschrien:
"Ins Feld der Ehre lasst uns ziehn!

Vivat Kastanien !
Zum Teufel Bananien !"

Schlussvariante 1
- (zur Aufklärung des Publikums über die Hintergründe
zeitweiligen Bananenmangels)

Gar fünfzig Jahre währte dieser Krieg.
Kastanien holte sich den Sieg.
Doch seit Bananiens Niederlage
vernimmt man häufig große Klage -
Kastanien hat zwar viele Helden,
doch Bananen sind nun selten.

Schlussvariante 2
- (zur Aufklärung des Publikums über die Hintergründe
von Naturerscheinungen
bei Bananen und Kastanien)

Gar lange währte dieser Krieg.
Wer spricht noch von Kastaniens Sieg?
Man schlug zwar die Bananen krumm,
doch eigne Opfer sind nicht stumm.
Kastanien falln noch heut aus allen Bäumen,
wenn sie von Taten ihrer Ahnen träumen.

(fei)ehrlich

Der Sippenhäuptling aller Wale,
der warf sich amtsgemäß in Schale.

Desgleichen tat der Fürst der Haie.

Dann trafen sich die zweie.

Es kam zur Wal-Hai-Konferenz
zu Frieden, Freiheit, Konvergenz.
Man sprach vereint zum Schluss: "Es sei!
Gegründet ist die Wal-lach-Hai!"

Man reichte lächelnd sich die Flosse
und nannte sich hernach Genosse.

Sie hatten sich nicht lang getrennt
(es weiß, was kommt, wer Haie kennt),

da fraß der Haie großes Heer
das Meer des Nachts von Fischen leer.
Um Meerespflanzen und um Algen
sah man die Wale sich dann balgen.

Die Wale machten Bürgerkrieg.

Die Haie feierten den Sieg
und fraßen gleich zum Siegesfest
des Volks der Wale letzten Rest.

Nur wenig Wale sind entkommen
und ins Polarmeer abgeschwommen.
Vereinzelt man sie dort noch findet,
doch nie mit einem Hai verbündet.
Und fragt man sie nach Wal-lach-Hai,
dann seufzen sie und drehen bei.

Nichts ist trauriger als ein leeres Glas. Höchstens eine Flasche am Rednerpult.

ehr(*sicht*)lich

(nach "Mondnacht" von Joseph von Eichendorff)

Es schien, als hätt der Lümmel
das Mädchen nur geküsst.
Doch sie - potz Zimt und Kümmel! -
sich da nicht sicher ist.
Sie beichtet es der Mutter,
die sagt's dem Vater sacht,
der stöhnt: "Nicht sicher? Luther!
der Mond schien doch die Nacht!"
Das Kleid des Mädchens spannte
bald eng um ihren Bauch,
dass man sehr klar erkannte:
Der Lümmel küsste... auch.

(v)ehr(*mut*)lich

nach "Die Lorelei" von Heinrich Heine

Ich weiß nicht, was soll es bedeuten,
dass ich so traurig bin.
Ein Märchen aus uralten.....neueren Zeiten,
das geht mir nicht aus dem Sinn.

Die Luft ist dick und es dunkelt
und fettig fließt der Fluss.
Auf Bäuchen von Fischen funkelt
der Sonne Abendgruß.

Auf einem Sofa treibet
ein Mädchen sonderbar -
sie liegt wie schon entleibet,
und kämmt ihr goldnes....kämmt ihr öliges Haar.

Sie kämmt es mit teerigem Kamme
und schluchzt ein Lied dabei,
das hat eine wundersame
betrübende Melodei.

Der Paddler im kleinen Schiffe,
der denkt, es streift ihn ein Bus.
Er schaut nicht die kotigen Riffe,
er schaut zu dem Sofa im Fluss

Ich glaube, die Wellen verschlingen
am Ende den Paddler im Wahn.
Das haben mit chemischen Schwingen
des Flusses Dämpfe getan.

(*zuv*)ehr(*sicht*)lich

(nach "Hab Sonne im Herzen" von Cäsar Flaischlen)

Hab Sonne im Herzen,
ob's stürmt oder schneit,
ob der Fleischer voll Menschen,
dein Baby laut schreit.

Ein Mann wird schon werden -
er kommt, wenn er mag,
Er wird vielleicht bleiben
die Nacht bis zum Tag.

Hab ein Lied auf den Lippen
- mit fröhlichem Klang,
verscheuch das Alleinsein
und mach einen Gang.

Male rot deine Lippen!
Es komme, wer will!
Dein Kind weckt die Nachbarn
mit seinem Gebrüll.

Zeig lächelnd dich immer,
mach dich nur stets fein!
Du schaffst es alleine -
das Baby ist dein!

Hab ein Lied auf den Lippen,
werd nicht asozial!
Hab Sonne im Herzen,
und heul nur manchmal.

ehr(*kennt*)lich

(nach "Mignon" von J. W. von Goethe)

Kennst du das Land, wo die Neubauten blühn,
in dunkler Nacht die Fernsehschirme glühn,
der große Sturm noch sanft und rosa weht,
der Denker still und hoch der Redner steht?
Kennst du es wohl?
 Dahin! Dahin brauch ich nicht ziehn,
weil ich, oh Freund, da bin.

Kennst du das Haus mit Tauben auf dem Dach?
Durch dünne Wände dringt der kleinste Krach,
Man gähnt im Haus sich gegenseitig an
und weiß, dass jeder jeden gern mal kann...
Kennst du es wohl?
Dahin! Dahin kann ich nicht ziehn,
weil ich, oh Freund, da bin.

Kennst du den Berg und seinen grünen Traum?
Für tausend Hunde steht ein einz'ger Baum;
Beton und Steine speichern Sonnenglut;
es glänzt der Autos frischpolierte Flut...
Kennst du ihn wohl?
Dahin! Dahin muss ich stets ziehn,
weil ich, oh Freund,
mit Frau da wohnhaft bin.

(z)ehr(*brech*)lich

(nach J.W. von Goethe aus "Wilhelm Meister")

Wer nie Lenin mit Wonne las,
wer nie mit Marx und Engels Nächte
auf seinem Bette kämpfend saß,
der kennt euch nicht, ihr geistigen Mächte!

Ihr führt ins Leben uns hinein,
ihr lasst den Blinden sehend werden,
dann überlasst ihr ihn der Pein -
zu vieles sehn, rächt sich auf Erden.

Ihm färbt der Morgensonne Licht
den fernen Horizont mit Flammen,
und über seinen Visionen bricht
das Bild der ganz realen Welt zusammen.

ehr(*bau*)lich

(nach "Das Lied von der Glocke" von Friedrich Schiller)

Festgemauert in der Erden -
Fundament aus Stahlbeton.
Balde muss der Neubau werden -
frisch, Kollegen, haut den Gong!
Denn allein nur Fleiß
macht noch keinen heiß.
Soll das Werk ein Leiter loben,
muss man läuten, kräftig, oben!

Zum Staatsplan, den wir stets erfüllen,
geziemt sich wohl ein rühmlich Wort,
wenn wir uns nur in Arbeit hüllen,
bleibt die Prämie schließlich fort.
Weshalb solln wir nicht danach trachten,
dass auch bei uns die Kasse klingt?

Den Trottel, den muss man verachten,
der nicht verkauft, was er vollbringt.
Das ist's ja, was den Menschen zieret,
und dazu ward ihm der Verstand,
dass er in. seiner Börse spüret,
was er erschuf mit eigner Hand.

Schweißt den Stahl mit blauer Flamme!
Legt die Halteeisen ein!
Jede Platte ohne Schramme
fügt sich ins System gut ein.
Kocht den Dichtungsbrei!
Schnell den Kitt herbei,
dass die ganze Fugenbreite
dichte wird auf jeder Seite.
Was an der Wände tausend Ritzen
verschlampert wird mit lock'rer Hand,
das bringt uns hinterher ins Schwitzen -
der Mangel bleibt nicht unerkannt:

Es pfeifet dann in kalten Tagen
der Wind mit Macht in jedes Ohr,
der Regen rinnt - oh, welch ein Klagen,
welch Schimpf ertönt vom Mieterchor!

Wenn man auf Nacharbeit besteht,
geht es bei uns auch um die Löhnung -
für Sonderschichten gibt's als Krönung
Zuschlag. So sichern wir die Qualität!
Wie sich die Etagen reihen,
himmelstrebend Tag um Tag!
n, nur noch fix den Dachbelag!

Jetzt, Kollegen, frisch -
Farbe Strich um Strich!
An die Wände klebt Tapeten!
PVC auf alle Böden!
Auch wenn die Muster, wie an Haaren
herbeigezogen, sich nicht paaren,

so ist es erst mal rein und fein
und neu und wohnlich, doch recht klein.
Nein, Säle sind die Zimmer kaum.
Man hüte sich vor Überschwang,
der Wahn ist kurz, die Reu` ist lang!
Man prüfe messend jeden Raum,
bevor man eine Schrankwand wählt,
für die ein halber Meter fehlt.

Und auch der Liebe zarte Früchte
sind ohne Planung ein Problem:
Ein Kind ist gut und noch bequem,
ab zwei wird es schon etwas dichte,
ab drei gibt's Übervölkerung!
Doch bremset nicht der Liebe Schwung,
seid euch, sooft ihr wollt, zu Willen,
der Staat verschenkt Verhütungspillen.

Wohl! Der Ausbau ist beendet,
schließt den Sanitärtrakt an!
Heißes Wasser wird gespendet,
dass man täglich duschen kann.
Badewanne steht, auch die Spülung geht.
Rauschend tönt die Toilette,
zieht man an der Plastekette.

Nachts im Schutz erloschener Laternen
schleicht nun zu den Neubaublocks,
um dort etwas zu entfernen,
manches arge Diebsgesocks.
Badewannen, Armaturen,
Küchenmöbel ganze Fuhren, Klos und auch die
Handwaschbecken
werden zu privaten Zwecken
der Gesellschaft weggestohlen.
Manches landet auch in Polen.

Und die Mausehaken wissen,
während sie ihr Schandwerk tun,
dass sie sich nicht sputen müssen,
denn die Baustellnwächter ruhn.
Werden sie doch mal geschnappt,
hat es eben nicht geklappt.
Einsicht zeigen bei Belehrung -
dann gibt's Knast, doch mit Bewährung.

Bis zur Schlüsselübergabe
gibt es nun Reparatur.
Schließlich zieht mit großem Stabe
das Kontrollamt seine Spur:
Lift ist nicht defekt!
Fenster sehr verdreckt!
Warum strömt der Strom noch nicht?
Da, den Wasserhahn macht dicht!

Wohltätig ist des Wassers Macht,
wenn sie der Mensch bezähmt, bewacht.
Wehe, kann das Wasser fließen,
aus undichter Leitung schießen!
Hin über Kabelschacht und Treppen
sich die Wassermassen schleppen -
pitsche patsch in Windeseile
schwimmt die ganze Häuserzeile.
Decken tropfen, Flüche schwirren,
Kinder lachen, Mütter irren,
alles rennet, wischet, wringt...
Weh dem, der`s Lied vorn Wasserträger singt!

Durchgeweichet ist die Stätte,
jeder Teppich, jedes Bette.
Die Tapete an den Wänden
löst sich wie von Geisterhänden.
Auch wenn solch Unheil nie passiert,
Versicherung wird doch kassiert.

Nun eröffnet das Gebäude,
dass es sich mit Leben füllt!
Dass der Mieter wilde Meute
gibt dem Haus ein frohes Bild.
Schwingt die Bohrer, schwingt,
dass der Funke springt!
Wenn ein Durchgang soll entstehen,
muss die Wand in Stücke gehen.
Wo rohe Kräfte sinnvoll walten,
kann sich selbst Beton nicht halten.

Alle Wände sind zerlöchelt,
und der Müllverschlucker röchelt.
Endlich künden die Balkons
vom Drang nach Individualität: Hirschgeweihe,
Lampions,
kupferglänzend Hausgerät, Wagenräder, Türkensäbel,
selten Bilder - Marx und Bebel -
wichtig ist private Note

nach der allerneusten Mode.
Nur die armen Architekten
sich erstaunt das Aug bedeckten:
Nie hätten sie geglaubt daran,
dass man noch was versauen kann.

In die Erde aufgenommen
Röhren, die mit Dampf gefüllt,
dass, wenn kalte Zeiten kommen,
Wärme den Beton durchquillt.
Funktioniert der Strang?
Kommt auch Dampf entlang?
Diese Frage ist noch offen,
doch wir wolln das Beste hoffen.
Denn auch Fäkalie, Wasser, Elt
liegen in der Unterwelt.
Verlegt sind sie nach klugem Plan.
Ein Schelm, wer Tiefbau minder achtet!
Bald sieht man einen Bagger nahn

und es wird wieder aufgeschachtet.

Vor dem Hause, schwer und bang,
jault der Kompressor tagelang,
dröhnen Preßlufthämmerschläge
wild beim Aufbruch betonierter Wege.
Ist schließlich nach der dritten Schachtung
endlich alles in Funktion,
heißt es wieder: Bitte Achtung!
Wir buddeln jetzt für 's Telefon.

Gelder hat der Staat gegeben -
lobet das Sozialprogramm!
Seht die Kinder, welch ein Leben
haben sie im Neubauschlamm!
Spielplatz wird bald sein,
sät den Rasen ein!
Auch des Konsums neue Halle
ist geplant in jedem Falle.

Herein, herein!
Ihr Mieter alle, schließt die Reihen,
dass wir den Neubau taufend weihen.
"OKTOBERSTURM" - so soll der Name sein.
Der Hausgemeinschaft schwankt der Sinn,
doch nehmen sie den Namen hin.

Es wird des weiteren beschlossen:
Vorm Haus entsteht ein Rosenbeet!
Schließlich bilden die Genossen,
weil es ohne ja nicht geht,
ihr Neubauhausparteiaktiv.
Nun ist's im Lot - nichts ist mehr schief!

Jetzo mit der Kraft der Freude
lebt im Neubau vor euch hin,
dass die Zukunft schon im Heute
findet ihren guten Sinn!
Schaffet, raffet, füllt!

Wohlstand euch umhüllt!

Gönnt euch mit Bedacht die Freude -
Friede mit dir - du Gebäude!

Versuch, die ganze Welt in deinen Kopf zu bekommen, aber mach sie nicht so klein, wie er ist.

Wer sich der Welt verschließt, muss kein Tor sein.

Es gibt Flecken auf unserer Erde, über die kein Gras mehr wächst.

Die Kraft der Schwachen wächst mit ihrer Anzahl. Aber wie ist es mit der Vernunft der Dummen?

(*legenda*)ehrlich

oder:

Der unanachronistische Zug
(nach Bertold Brecht "Der anachronistische Zug")

... und Frieden war.
Das Korn stand gut auf schwachem Halm,
Ruinen wurden zum Denkmal erklärt,
Lieder klangen.
Aus Schloten jagten Schweiß und Qualm,
der Wohlstand wurde tagtäglich vermehrt.

War es ein Traum?
Ich sah die Menschen - einen Zug,
der endlos quirlte, endlos wimmelnd floss.
Fast wie ein Heer -

vorn einer, der die Losung trag,
und hintenan zog träg das Volk vom Tross.
Die Losung vorn hieß ungefähr:
Wir baun am Kommunismus - wer tut mehr?

Durch Städte ging's,
hin über Schotter und Asphalt,
durch Gassen, über hohe Brücken fort
weit übers Land,
auf Pfaden und durch dichten Wald,
durch Täler und manch neu entstandnem Ort.
Ich sah den Zug,
die Menschen mit Geschrei und Lied,
und manchen, der den Zug gen West verließ,
Ich blieb im Zug -
oft stolpernd und oft fluchend: Schiet!
Führt das denn, nun ins Paradies?
Die Losung vorn hieß ungefähr:
Wir baun am Kommunismus - wer tut mehr?

Ich war erstaunt,
wen alles ich im Zuge traf:
Ein Künstler malte eine rote Kuh,
ein Pfarrer sprach:
Ich bin so fromm als wie ein Schaf,
und im Prinzip denk ich wie Marx und du!
Ein Traktor kam.
Er zog an einem langen Seil
vieltausend Hände, Köpfe und Gebein -
kein Herz dabei -
von unsren Menschen jenen Teil,
der ihnen nützt beim Sattzusein,
Die Losung vorn hieß ungefähr:
Wir baun am Kommunismus...

Und Frauen gab's,
die haben wahrlich gut jongliert
mit Kindern, eignem Herd und Unterleib.
Es gab Applaus.

Und Männer hurten ungeniert -
im Penis das Hirn, und Busen hieß Weib.
Es war ein Arzt
mit goldnen Händen und Skalpell -
selbst Klopapier bezog er aus der Schweiz.
Ein Funktionär,
der hielt so manchen Kampfappell
und wurde trag und fett ganz seinerseits.
Die Losung vorn hieß ungefähr:
Wir baun...

Im Zug fand ich
Fassaden, Masken und Kostüm.
Reporter schwätzten. Ehrlichkeit war knapp.
Ein Karneval.
So manches Girl stank nach Parfüm -
im Herzen Heino, drumherum make up.

Ein Kaderchef,
der trug den Rias im Gehirn,
beruflich auf den Lippen roten Klee.
Ein Lehrer gar,
der stickte sich mit Vorkriegszwirn
ein Leninbild aufs braune Kanapee.
Die Losung vorn....

Ein Maurer kam,
der schleppte einen schweren Sack -
Zement und Kalk und Fliesen für sein Bad.
Hier herrschen wir!
Auch andre waren stets auf Zack -
und beschissen eifrig den Arbeiter-Staat.
Und nebenan
warn Fraun und Männer bei der Hand,
die glichen sich in Einsatz und an Mut -
die sahn nicht sich,
warn für die Sache abgebrannt

und starben - Herzinfarkt - an der erstickten Glut.
Die Losung vorn... für die sie starben...?

So viele warn,
die taten ehrsam ihre Pflicht
und lächelten der milden Sonne zu
und waren froh.
Sie juckte diese Losung nicht
und fanden in den Telewelten Ruh.
Auch dich und dich,
ich sah euch alle mit mir ziehn,
sah eure Krücken und das Hinkebein -
das ganz speziell! -
und, wenn auch zaghaft, das Bemühn,
trotzdem ein bisschen menschlicher zu sein.

Die Losung vorn hieß ungefähr:
Wir baun am Kommunismus...

Kommt weiter nur
in diesem Zug vom Gestern fort!
Auch wenn ihr noch ein Stück vom Gestern seid -
ganz vorne winkt...
wer weiß? Jedoch nicht Krieg und Massenmord?
Der Zug, er sei ein Heldenstück...
zur Menschenzeit...
Die Losung vorn heißt ungefähr:
Wir baun am Kommunismus - wer tut mehr!

fini